AF308685

LA
GUERRE DE 1870

OBSERVATIONS CRITIQUES

SUR

L'OUVRAGE DU MARÉCHAL COMTE DE MOLTKE

PAR

UN OFFICIER SUPÉRIEUR BREVETÉ

PARIS

LIBRAIRIE MILITAIRE DE L. BAUDOIN

IMPRIMEUR-ÉDITEUR

30, Rue et Passage Dauphine, 30

1892

Tous droits réservés

LA
GUERRE DE 1870

OBSERVATIONS CRITIQUES

SUR

L'OUVRAGE DU MARÉCHAL COMTE DE MOLTKE

PAR

UN OFFICIER SUPÉRIEUR BREVETÉ

PARIS

LIBRAIRIE MILITAIRE DE L. BAUDOIN

IMPRIMEUR-ÉDITEUR

30, Rue et Passage Dauphine, 30

1892

LA GUERRE DE 1870.

OBSERVATIONS CRITIQUES

SUR L'OUVRAGE DU MARÉCHAL COMTE DE MOLTKE.

L'annonce de la publication d'un livre du maréchal de Moltke sur la guerre de 1870-1871, a excité au plus haut point l'intérêt de tous ceux qui, en Europe, s'occupent des choses militaires. En France, notamment, cet ouvrage fut attendu comme un événement et une bonne fortune. On se disait que personne n'était plus à même de raconter cette guerre que l'homme qui, du premier au dernier jour, a dirigé l'armée victorieuse ; ses immenses talents, consacrés par une suite de succès ininterrompue, le désignaient comme le juge le plus compétent des événements ; exclusivement militaire, quelque peu sec de cœur, peu accessible aux entraînements, il paraissait assez haut d'esprit pour pouvoir être impartial dans sa propre cause. Aussi, comptait-on sur une œuvre personnelle, large, féconde en enseignements.

L'œuvre a paru, et, il faut l'avouer, la désillusion a été complète. Le fils de M. de Moltke, dans la préface, prend soin de dire que le maréchal a voulu donner un précis de la guerre de 1870, en abrégeant l'ouvrage du grand état-major.... Cet avertissement était inutile, car le livre, suivant cet ouvrage page à page, n'en est qu'un résumé, presque « à coups de ciseaux ». Il en reproduit souvent des expressions et même des lambeaux de phrases. Était-il bien nécessaire que le maréchal se chargeât d'un tel travail et pareille besogne était-elle digne de sa plume ?

La préface ajoute que ce travail donne, « par la suite logique des idées, l'expression du jugement personnel que le maréchal lui-même portait sur cette guerre. » Cette expression, nous avouons ne la trouver à peu près nulle part. Les observations sur les faits ne sont elles-mêmes que des résumés des observations du grand état-major figurant à la place correspondante.

L'opinion personnelle du maréchal ne se traduit guère que par quelques « coups de patte » à l'adresse du prince Frédéric-Charles, notamment à l'occasion de Saint-Privat et du Mans, — par une allusion discrète à la lenteur que le prince royal apporta à sa marche après Wœrth, — par un satisfecit donné au maréchal Bazaine, — par quelques insinuations malveillantes envers certains généraux français, insinuations parfois mal fondées, comme celle qui concerne le maréchal de Mac-Mahon (page 124), — par quelques dédaigneuses et assez lourdes plaisanteries faites à froid....

Mais, si l'on ne trouve dans l'ouvrage aucune critique du juge si compétent en matières militaires, aucun enseignement du maître en fait de stratégie, on y trouve, avec regret, ce qu'on n'y aurait pas cherché : un parti pris, une haine froide, qui vont jusqu'à dénaturer les faits et jongler avec les chiffres.

L'ouvrage du grand état-major présente les choses sous le jour le plus favorable aux Allemands, et il serait puéril de s'en étonner, même de s'en plaindre ; mais, sauf des erreurs inévitables de détail, il respecte les faits et s'inspire, en général, d'une louable impartialité.

Dans son résumé, le maréchal de Moltke est loin d'avoir le même scrupule. « Il l'a entrepris, dit l'auteur de la préface, uniquement dans le but d'instruire les modestes et les simples. » On s'est dit que ces modestes n'auraient ni le temps ni les moyens de recourir aux sources et que ces simples accepteraient comme vraies, sans songer à les contrôler, des affirmations tombées de si haut.

Rehausser par tous moyens les gloires des armées allemandes et inspirer au lecteur le mépris de l'adversaire, du Français, tel semble avoir été le but [1].

---

[1] Un mot de M. de Moltke, rapporté dans la préface, explique bien des choses dans cet ordre d'idées. « Le loyalisme, dit-il, et l'amour de la patrie nous imposent l'obligation de ne pas détruire certains prestiges dont les victoires de nos armées ont revêtu telle ou telle personne. »

Or, la disproportion entre les armées, mises tout d'abord en présence, est de nature à diminuer les mérites du vainqueur. Il faut donc que cette disproportion disparaisse, et le maréchal s'ingénie à prouver que partout les Allemands, sur les premiers champs de bataille, ont remporté la victoire avec des effectifs inférieurs. Si la chose était vraie, la conclusion à en tirer ne serait pas flatteuse pour celui qui dirigeait l'ensemble : une armée plus nombreuse que l'armée opposée et qui, sur tous les points, l'aborderait avec une infériorité numérique, serait, certainement, une armée fort mal conduite.

Pour arriver à son but, le maréchal diminue les effectifs allemands et gonfle, au contraire, ceux des troupes françaises. Il ne dit pas où il puise ses renseignements sur ce dernier point ; à coup sûr, ce n'est pas dans les documents français ou, s'il a recours à ces sources, les chiffres en passant par ses mains deviennent méconnaissables. La plupart du temps il semble ignorer que les généraux Fay, Ducrot, Vinoy, Faidherbe, Chanzy, etc..., aient écrit. Les documents allemands, seuls, lui paraissent dignes d'attention : il les utilise d'une façon à peu près exclusive et souvent les dénature.

Ce seul fait, que nous nous proposons de prouver, enlèverait au livre toute valeur sérieuse, car il est contraire à la saine méthode historique, laquelle exige l'examen des documents contradictoires.

« Les trois armées réunies, dit le maréchal (p. 9, édit. française), présentaient un total de 384,000 hommes. »

Chiffres du grand état-major :

    385,600 fantassins.
    48,000 cavaliers.

Soit : 433,600 hommes et 1284 pièces, artilleurs non compris.

« Restaient disponibles les Ier, IIe et VIe corps d'armée, soit 100,000 hommes. »

Chiffres du grand état-major :

    115,200 fantassins,
      7,200 cavaliers,

Soit : 122,400 hommes et 162 pièces, artilleurs non compris.

Quant aux Français, le maréchal estime l'armée du Rhin, *en chiffres ronds*, à 300,000 hommes (332 bataillons, 229 escadrons, 924 pièces). Or, au moment de la concentration, cette armée, portée sur la frontière avec son effectif de paix, atteignait au plus 200,000 ou 210,000 hommes. Une partie seulement des réservistes l'avaient rejointe dans les premiers jours d'août et assistèrent aux affaires de Wœrth et de Spicheren; ils la portèrent finalement à 265,000 ou 270,000 hommes [1].

Par suite de ce travail opéré sur les chiffres, la différence entre les armées opposées se trouve, dans le livre, réduite à 184,000 hommes, tandis que, en réalité, elle était au moins de 285,000.

Le maréchal n'entreprend pas de prouver que, à Wœrth, Mac-Mahon ait mis en ligne des troupes plus nombreuses que le prince royal. Mais il prend sa revanche en ce qui concerne Spicheren : « Malgré tous ces renforts, dit-il, les forces insuffisantes qui avaient entrepris l'attaque n'atteignirent jamais, à aucun moment de la journée, l'effectif de l'adversaire. »

Vérifions et ne faisons figurer comme combattants que les troupes qui ont subi des pertes (d'après les tableaux de pertes annexés à l'ouvrage du grand état-major) : Nous trouvons 33 bataillons. Ceux-ci étaient formés à 1000 hommes, et le grand état-major dit même que parfois ce chiffre fut dépassé pendant la période de concentration. L'effectif-infanterie des Allemands était donc de 33,000 hommes. Le corps du général Frossard avait 38 bataillons sur le terrain, mais ces bataillons n'avaient encore reçu qu'une partie de leurs réservistes, et la situation du corps d'armée, à cette date, accusait *en tout* 26,000 hommes.

Il est bon de remarquer que nous ne faisons figurer dans notre calcul, du côté allemand, ni les fractions qui, bien que présentes sur le Reppersberg, ne furent pas engagées, ni la 13ᵉ division, dont l'arrivée devant Forbach, de l'aveu du grand état-major [2], était décisive et fut la principale cause qui força les Français à la retraite.

---

[1] Le grand état-major estime les forces de toute l'armée française *après la réception des réservistes* et en comptant les 6ᵉ et 7ᵉ corps, à 227,000 hommes d'infanterie (Édition française, page 86).

[2] Nous avons fait figurer seulement dans notre calcul deux bataillons de la 13ᵉ division qui subirent des pertes.

A Borny (Colombey-Nouilly) le maréchal se borne à dire : « La lutte avait été principalement soutenue par les avant-gardes des 4 divisions, et comme des fractions de troupes numériquement faibles et ne pouvant être immédiatement secourues, attaquaient avec une grande audace un ennemi disposant d'un effectif considérablement supérieur, il se produisit, à plusieurs reprises, des phases critiques dans la lutte. L'issue eût pu en devenir défavorable si l'adversaire, dont toutes les forces se trouvaient massées sur un terrain resserré, avait marché en avant avec plus d'énergie. Mais il est juste de dire que le 3ᵉ corps français ne fut pas soutenu par la garde impériale, postée en arrière de lui et dans son voisinage immédiat. » Pas de chiffres cités, mais il reste deux choses dans l'esprit du lecteur : 1º Les Français avaient en ligne un effectif plus fort ; 2º s'ils se sont fait battre par des forces inférieures, c'est que la garde impériale a manqué d'énergie.

Examinons cet effectif si supérieur des Français. Le 3ᵉ corps a été engagé tout entier : il avait près de 35,000 hommes. Dans le 4ᵉ corps, ont été engagées la division Grenier et une partie de la division de Cissey, soit, en comptant cette division entière, 19,400 hommes. Nous arrivons à un effectif total de 54,300 hommes d'infanterie. La cavalerie ne parut nulle part. Quant aux Allemands, le supplément XXVI de l'ouvrage du grand état-major donne leur effectif réellement engagé :

58,659 hommes d'infanterie.

8,734 cavaliers.

Effectif total : 67,393 combattants.

Il est certain que les Français avaient à portée du champ de bataille des troupes en nombre très supérieur à celles que les Allemands pouvaient y amener, et que, s'il avait voulu résolument prendre l'offensive, Bazaine aurait pu infliger à la Iʳᵉ armée allemande un échec des plus graves. A tort ou à raison il ne le voulut pas. Le fait n'en reste pas moins celui-ci, que l'effectif engagé par les Allemands fut supérieur à l'effectif engagé par les Français.

Nous n'insistons pas davantage, parce que la phrase citée ci-dessus ne dit pas formellement le contraire, et le laisse seulement entendre.

Laissons de côté Rezonville, où la supériorité numérique des Français était écrasante et où Bazaine refusa de saisir une victoire qui, d'elle-même, se mettait dans sa main. Le maréchal de Moltke, cependant, exagère encore la disproportion des forces, car, dans le récit, il omet de citer le IXe corps comme ayant pris part au combat. Ce corps perdit cependant 42 officiers et 1194 hommes sur les 3 régiments qu'il engagea.

Passons à la journée du 18.

« Au dire des Français, ils perdirent, dans cette journée, 13,000 hommes. En octobre, il y avait encore 173,000 hommes à Metz. Dès lors, l'ennemi comptait en tous cas près de 180,000 hommes dans la bataille du 18 août. L'effectif des *sept* corps d'armée allemands, ce jour-là était exactement de 178,818 hommes. C'est donc avec des forces à peine équivalentes, que l'ennemi fut refoulé hors d'une position telle qu'on n'en saurait guère trouver de plus avantageuse. »

Tout d'abord, faisons remarquer que les Allemands avaient en ligne non pas *sept*, mais *huit* corps [1].

Le grand état-major donne l'effectif des troupes allemandes à la journée du 18, et nous y trouvons, en effet, ce chiffre de 178,818. Seulement il représente, non pas l'effectif total de l'armée, mais l'effectif de l'infanterie seule, sans compter 24,584 cavaliers, et déduction faite des officiers et des soldats des trains. Il y avait, d'après l'état-major allemand, 178,818 combattants d'infanterie, et l'effectif général *combattant, sans compter l'artillerie*, était de 203,402.

Tenons-nous-en à l'infanterie. Le chiffre de 178,818 nous paraît quelque peu faible pour la raison suivante :

D'après le grand état-major,

Les VIIe et VIIIe corps étaient entrés en France avec	50,000	fantassins.
Les IIIe corps, X^e corps et la garde. . . .	93,000	—
Les IXe corps et XIIe corps	60,000	—
Le IIe corps [2]	32,000	—
Total de l'effectif à l'entrée en France .	235,000	fantassins.

---

[1] VIIe, VIIIe, IIe, IXe la garde, XIIe, IIIe et X^e corps.

[2] Le grand état-major donne 115,200 hommes pour l'effectif d'infanterie des Ier, IIe et VIe corps. Ce qui ferait pour chacun d'eux 38,300. Nous réduisons dans notre calcul cet effectif au chiffre normal de 32,000 hommes.

$$235,000$$

On avait perdu à Forbach 4,871 hommes.
A Borny (VIIe et IXe corps) 2,079 — } 6,950

Il devait donc rester 228,050

Pour s'expliquer la différence entre ce chiffre et celui de 178,818, peut-on admettre que 50,232 hommes eussent disparu en douze jours par le fait des marches très courtes que l'armée avait exécutées? Non. La différence provient de ce que ce chiffre de 178,818 ne comprend que des hommes d'infanterie valides dans le rang, réellement mis en ligne, toutes les non-valeurs, les services accessoires, les éclopés et les malades ayant été éliminés.

Le chiffre de 173,000 hommes est celui de tous les militaires français existant à Metz au moment de la capitulation, y compris les services accessoires, infirmiers, troupes d'administration, trains, remonte, service de place, etc., y compris les artilleurs, les cavaliers, y compris aussi 20,000 malades ou blessés.

En tenant compte des 4,300 prisonniers perdus le 18, et en admettant que le tiers des blessés de cette journée aient succombé (les autres étant compris dans le nombre de 173,000 hommes), on trouve que, à Saint-Privat, l'armée française, y compris les services propres à la place de Metz, pouvait avoir 179,000 ou 180,000 hommes *d'effectif total*.

Pour pouvoir en déduire un chiffre de combattants d'infanterie, comparable à celui qui nous a été donné pour les Allemands, il faudrait retrancher de ces 180,000 hommes: les cavaliers, les artilleurs et toutes les non-valeurs que nous avons énumérées. N'ayant pas en mains de documents précis à ce sujet, nous ne pouvons faire ce calcul d'une manière exacte. Mais nous croyons être en droit d'affirmer que l'effectif de l'infanterie française à Saint-Privat était inférieur à 140,000 hommes.

Voici les raisons sur lesquelles nous basons notre assertion. L'armée avait à Saint-Privat 203 bataillons [1]. De l'avis même du grand état-major (édition française, p. 86), les bataillons, d'un effectif de 500 hommes lors de leur arrivée sur la frontière,

---

[1] Garde impériale : 24 bataillons; 2e corps, 39; 3e corps, 52; 4e corps, 39; brigade Lapasset, 7; 6e corps, 42. Total : 203.

furent portés à 700 hommes en moyenne par la réception des réservistes. On obtient ainsi 162,100 hommes, dont il faut déduire 4,078 hommes perdus à Spicheren, 15,800 à Rezonville, et 3,608 à Borny. Il nous reste, comme présents à Saint-Privat : 138,620 hommes.

Une autre observation de nature à confirmer notre opinion, c'est le nombre des chassepots dont les Allemands s'emparèrent à la capitulation : 137,000.

On voit que, même en acceptant le chiffre, trop faible, croyons-nous, donné par les Allemands, de 178,818 combattants d'infanterie, ils avaient, sur le champ de bataille, une supériorité indiscutable de plus de 38,000 hommes, plus d'un quart en sus de l'effectif français. Encore serait-il peut-être juste de déduire de ce dernier la garde, qui resta immobilisée et ne subit pas de pertes [1].

L'affirmation du maréchal est donc entièrement fausse.

Après Saint-Privat, les troupes allemandes subirent une nouvelle répartition.

Le prince Frédéric-Charles est chargé d'investir Metz avec les Ier, VIIe, VIIIe, IIe, IIIe, IXe, X^e corps, une division de réserve et deux divisions de cavalerie formant, dit le maréchal, un total de 150,000 hommes.

Une armée de la Meuse, formée de la garde et des IVe et XIIe corps avec 2 divisions de cavalerie, en tout 138,000 hommes, suivant le maréchal, doit opérer conjointement avec celle du prince royal, forte de 223,000 hommes.

« L'armée d'investissement se trouvait, il est vrai, être plus « faible que l'ennemi qu'il s'agissait d'enfermer à Metz. »

Ouvrons l'ouvrage du grand état-major, et retranchant les pertes subies le 18 (Suppl. XXIV) des effectifs donnés par le supplément XXV, nous trouvons au 19 les effectifs ci-après :

---

[1] L'infanterie du IIIe corps allemand ne subit pas de pertes ; mais son artillerie fut engagée pendant presque toute l'action avec celle du IXe corps et fut assez éprouvée.

Ier corps.	24,880 hommes.	
VIIe —	18,077	—
VIIIe —	20,200	—
IIe —	23,354	—
IIIe —	16,113	—
IXe —	17,939	—
X^e —	18,452	—
Division de réserve. . . .	17,000	—
1re division de cavalerie..	3,301	—
3e — —	2,120	—

Total général :   161,433 (Cavalerie et infanterie).

N'oublions pas que ces chiffres représentent seulement des combattants, déduction faite des trains et non-valeurs de toute sorte, ainsi que de l'artillerie.

Nous avons vu que l'effectif de l'infanterie française, le 18, était de 140,000 hommes, chiffre maximum. Il était tombé à 128,000 hommes par suite d'une perte de 12,000 hommes. Ajoutons-y les 11,600 cavaliers présents, et nous arrivons à un total de 139,600 combattants (infanterie et cavalerie).

Différence en faveur des Allemands : 21,833 hommes.

Mais, dès le 25 août, les renforts envoyés par les troupes de dépôt, et déjà en route le 19, venaient rétablir leurs corps à leur effectif de début; les Français, au contraire, n'avaient, tant qu'ils restaient sous Metz, aucune source où puiser pour réparer leurs pertes.

Le maréchal attribue à l'armée de la Meuse un effectif de 138,000 hommes, ce qui supposerait à chaque corps plus de 40,000 hommes.

L'effectif de cette armée, d'après le supplément XXXI de l'ouvrage du grand état-major, était : 70,028 fantassins.

16,247 chevaux.

Soit : 86,275 hommes (caval. et inf.).

Il donne ensuite à l'armée du prince royal 223,000 hommes. Or, il nous a dit au début que, en entrant en France, elle en avait 130,000. Depuis elle avait perdu du monde à Wissembourg, à Wœrth, laissé la division badoise devant Strasbourg, des fractions sur ses communications et devant de petites places. Elle avait, il est vrai, reçu le VIe corps, mais ce renfort ne suffit pas à expliquer la différence de plus de 100,000 hommes qui existe entre les deux chiffres donnés par l'auteur.

Reprenons l'état-major allemand (suppl. XXXI).

Effectif de la IIIe armée : 118,095 fantassins.

19,567 cavaliers.

137,662 hommes (caval. et inf.).

En somme, le maréchal, distrait au moment où il empruntait ses renseignements à l'ouvrage du grand état-major, a appliqué à l'armée de la Meuse l'effectif donné pour celle du prince royal, et à cette dernière l'effectif total des deux armées.

Est-ce, nous le demandons, un document sérieux, un livre d'historien, que celui qui présente ainsi des chiffres copiés au hasard de la plume? Qu'eût dit le maréchal, si, pendant la campagne, ses officiers d'état-major eussent traité les chiffres et manipulé les effectifs avec le sans façon incroyable et l'étrange légèreté dont son livre nous fournit l'exemple?

Après avoir, par cette erreur singulière, gonflé démesurément les chiffres des IIIe et IVe armées, il eût été difficile au maréchal de prouver que, aux environs de Sedan, l'armée française leur fût supérieure. Il ne l'a pas tenté, mais il se rattrappe sur le détail des faits.

Le 5e corps français, isolé et privé d'une de ses brigades enfermée à Metz, est attaqué, le 30 août, de front, par le IVe corps, à droite par les Bavarois, à gauche par le XIIe corps. Le maréchal, racontant la surprise du bivouac de la division Goze par la 8e division prussienne, présente celle-ci comme *assaillie par des forces bien supérieures*. En terminant le récit de Beaumont, il prétend que le IVe corps prussien, à peu près seul, avait soutenu la lutte, oubliant que c'est l'action du XIIe corps (saxon), le long de la Meuse, et plus encore celle du Ier corps bavarois sur Yonck, qui furent vraiment décisives. Que les pertes du IVe corps aient été plus grandes, cela était forcé, puisqu'il agissait de front ; mais est-ce une raison pour parler à peine des deux autres corps, saxon et bavarois, qui, en menaçant constamment la retraite du 5e corps français sur Mouzon, ne lui permettaient pas d'opiniâtrer la défense?

Au courant du récit de la journée de Sedan, même parti pris,

Les 1er et 12e corps français ont devant eux le Ier corps bavarois, une division du IIe, le XIIe corps, le IVe corps, la garde.... n'importe ! Partout, à Bazeilles, à La Moncelles, l'attaque se heurte à des *forces supérieures !* Et quand elle est refoulée, c'est par les *masses profondes* de l'ennemi !

Arrivons à la capitulation de Metz.

« Au moment, dit le grand état-major, où l'armée du Rhin se constituait prisonnière, elle présentait encore un effectif de 173,000 hommes, *y compris 6,000 officiers et 20,000 malades ou convalescents*, laissés provisoirement dans la place. Metz..... mettait en outre entre les mains des Allemands : 56 aigles, 622 canons de campagne, 876 bouches à feu de place, 72 mitrailleuses, *137,000 fusils chassepot, 123,000 armes diverses*, etc... »

Voyons comment le maréchal de Moltke manipule ces chiffres : « Quant aux Français, 6,000 officiers et 167.000 hommes allaient être internés en Allemagne ; *avec les 20,000 malades qui n'auraient pu être transportés à ce moment, cela faisait environ 200,000 hommes.* »

Ainsi, le grand état-major nous dit que les 6,000 officiers et les 20,000 malades dont il parle, sont *compris* dans l'effectif de 173,000 prisonniers. Le maréchal veut bien y admettre les officiers, mais il y *ajoute* les 20,000 malades, au lieu de les déduire, afin de pouvoir dire que l'armée française de Metz comptait 200,000 hommes. A Saint-Privat, il l'avait évaluée à 180,000 hommes ; il paraît donc que, pendant l'investissement, elle s'était accrue. Est-ce là de la bonne foi ? Est-ce un ouvrage sérieux que celui qui falsifie ainsi les chiffres et se contredit lui-même à chaque instant ?

« En outre, 56 aigles, 622 pièces de campagne, 876 pièces de place, 72 mitrailleuses et *260,000* fusils, étaient tombés aux mains des Allemands. »

Ce sont encore les chiffres du grand état-major. Mais les *137,000* chassepots que celui-ci signale, paraissent au maréchal insuffisants pour armer les 200,000 hommes qu'il tient à donner à l'armée du Rhin ; il transforme en *fusils* les *123,000 armes diverses* (sabres, revolvers, cuirasses, fusils tabatières, pistolets, armes hors modèle déposées à l'arsenal, etc...), et, les ajoutant aux 137,000 chassepots, il obtient *260,000 fusils.* Cette transformation qui se fait par un simple trait de plume, a pu coûter quelque peu à sa bonne foi. Mais il y était acculé par son parti pris d'attribuer à l'armée française un effectif supérieur à celui de l'armée allemande. Obligé d'avouer que cette dernière, au moment de la capitulation, comptait, grâce aux renforts reçus, 197,326 hommes (page 195), il lui fallait absolument trouver 200,000 hommes aux Français et armer ces 200,000 hommes.

Nous laissons au lecteur le soin d'apprécier l'opération.

Dans la seconde partie de la guerre, le maréchal est plus à l'aise en ce qui concerne les effectifs; mais la réalité ne lui suffit pas encore. Il cite des chiffres à l'aventure, omettant d'indiquer où il les puise, ne prend nul souci de la qualité relative des troupes et donne comme combattant tout Français plus ou moins armé. Par parti pris d'ignorer ou de dédaigner tout renseignement de source française, il en arrive souvent à émettre, comme vérités, de monstrueuses erreurs. En d'autres circonstances il paraît emprunter des chiffres aux documents français, mais alors il les dénature.

Pour ne pas prolonger outre mesure ces arides comparaisons de chiffres, nous nous bornerons à un petit nombre d'exemples.

Pour dénombrer les ressources militaires existant à Paris au moment de l'investissement, le maréchal emprunte ses chiffres au général Ducrot.

Ces ressources se composaient, dit-il, de 50,000 hommes de troupes de ligne, de 14,000 marins ou soldats des troupes de marine, de 8,000 gendarmes, douaniers ou gardes forestiers ; *de 150,000 mobiles qui avaient été précédemment amenés de la province ;* de 130 bataillons de la garde nationale, mal armés et peu disciplinés, qui ne purent être employés qu'à garder le corps de place, et de corps francs, qui, pour la plupart, ne rendirent aucun service. Il en conclut que, au total, il y avait dans Paris 300,000 défenseurs, *juste le double de l'armée d'investissement,* dont 60,000 pouvaient être employés en rase campagne.

Il omet, en citant ces chiffres, de faire les restrictions du général Ducrot en ce qui concerne les troupes de ligne, pourvues de cadres incomplets et très médiocres, composées en grande majorité de recrues ou de réservistes ne connaissant pas le fusil qu'ils avaient à manier.

Le général Ducrot affirme qu'un quart ou un tiers au plus de ces hommes étaient de véritables soldats, le reste ne formant qu'un ramassis d'hommes. Ce n'étaient donc pas 60,000 hommes utilisables en rase campagne, et les premières affaires le démontrèrent surabondamment.

En ce qui concerne les mobiles, le général Ducrot dit que, au commencement d'août, le ministre de l'intérieur fit réunir dans les départements 150,000 mobiles; du 4 au 17 septembre, 100,000 d'entre eux entrèrent à Paris et constituèrent, avec les 15,000 mobiles de la Seine, un nombre de 115,000 mobiles. Le maréchal de Moltke n'a vu que le premier chiffre de 150,000 mobiles et les a tous enfermés dans Paris.

Donc, 115,000 mobiles et non pas 150,000. Aucune mention n'est faite de leur manque absolu d'instruction militaire, de leur équipement et de leur habillement incomplets, de leur armement fantastique au point de vue de la variété des modèles, de l'impossibilité où l'on fut longtemps de les employer, par suite de l'incapacité des cadres nommés à l'élection, etc.

Enfin, après avoir avoué que les bataillons de la garde nationale ne pouvaient être utilisés, il les fait entrer quand même en ligne de compte dans le calcul des défenseurs, pour arriver à ce résultat que la garnison avait un effectif double de celui de l'armée d'investissement. Frapper l'imagination des « modestes et des simples » voilà son but, et il y sacrifie tout.

Les IIIe et VIe armées avaient, dit-il, 150,000 hommes au plus pour investir Paris. Il oublie donc que, d'après lui-même, à la date du 20 août :

La IIIe armée avait 223,000 hommes.
La VIe   —   —   138,000   —
Total. . .   361,000   —

En défalquant de ce nombre les 13,000 hommes (chiffre rond), perdus à Beaumont et Sedan, il devrait rester 348,000 hommes. Comment se sont évanouis les 198,000 hommes de différence ?

Nous n'appuyons pas davantage, car nous avons montré la fausseté de ce chiffre de 361,000 hommes, donné par le maréchal comme représentant l'ensemble des IIIe et IVe armées, et nous admettons, avec le grand état-major général, que l'effectif réellement disponible de ces deux armées, au moment de l'investissement, ne devait guère dépasser 150,000 hommes. Si nous avons fait ce rapprochement, c'est pour prouver une fois de plus avec quelle légèreté l'ouvrage que nous étudions cite les chiffres.

A Chevilly, les Allemands engagèrent deux divisions. Le maréchal n'admet donc pas que les Français aient pu n'avoir en ligne que trois brigades, et il fait intervenir dans l'attaque la brigade Daudel, qui n'eut pas à bouger de sa position en arrière de Villejuif.

Évaluant les forces françaises et allemandes, en présence le 25 novembre au nord d'Orléans, le maréchal dit : « L'armée française sous Orléans était forte de 200,000 hommes ; l'armée allemande qu'elle avait devant elle ne comptait à ce moment que 45,000 hommes d'infanterie. »

Tout d'abord, ce chiffre de 200,000 hommes, donné au hasard, est très exagéré. Il serait juste, puisque l'on ne tient compte que de l'*infanterie* allemande, de ne tenir compte aussi que de l'*infanterie* française qui, certainement, ne dépassait guère 150,000 hommes, si même elle atteignait ce chiffre.

Sur quoi, en ce qui concerne la IIe armée allemande, est basé ce chiffre de 45,000 hommes, que l'état-major allemand indique incidemment, dans une note, comme approximatif ? Nous ne pouvons l'admettre, et voici pourquoi.

Le supplément XCII, donnant l'ordre de bataille de cette armée, attribue aux IIIe, IXe et X^e corps 73 bataillons à la date du 15 novembre. Depuis lors, 6 bataillons de la 40e brigade avaient été laissés à Chaumont. Frédéric-Charles avait donc 67 bataillons réunis entre Montargis et Pithiviers. Or, nous savons que les troupes de dépôt avaient comblé les pertes de l'armée d'investissement qui avait, à la capitulation de Metz, retrouvé ses effectifs normaux. En admettant même que les bataillons fussent, en moyenne, à 900 hommes (au lieu de 1000), le calcul nous donnerait 60,300 hommes d'infanterie au lieu de 45,000 hommes.

Nous savons que ces troupes et surtout la division Hessoise, du IXe corps, avaient eu beaucoup de traînards pendant la marche de la haute Seine à Pithiviers ; mais cela ne saurait expliquer la disparition de 15,000 hommes, c'est-à-dire du quart de l'effectif en 10 jours.

Ajoutons que le maréchal, en même temps qu'il considère comme concentrés tous les corps de l'armée de la Loire, dispersés en réalité sur un front de plus de 80 kilomètres, se garde de faire entrer dans son calcul la subdivision d'armée du grand-duc de Mecklembourg, qui était en marche pour rejoindre le prince Frédéric-Charles, et qui le joignit le 29.

Le grand-duc avait : 20,000 Bavarois.

9,000 de la 17e division.

7,000 de la 22e

soit 36,000 hommes qui, ajoutés aux 60,300 dont disposait Frédéric-Charles. donnaient aux troupes allemandes un effectif total de 96,000 hommes d'infanterie, sans compter 4 divisions de cavalerie.

Parlant de la bataille du 30 novembre (Champigny-Villiers), le maréchal affirme (p. 253) que « pendant cette journée les Wurtembourgeois ne furent soutenus que par l'une des ailes du IIe corps » et que la 24e division saxonne ne passa la Marne que le lendemain. Trois pages plus loin (p. 256), il montre cette division entrant en action dès 11 heures du matin, devant Villiers, contre la division de Maussion.

Combats de Josnes (Beaugency-Cravant). Le 7 décembre, d'après M. de Moltke, les Allemands n'engagent que la 17e division, la 1re brigade bavaroise et la 2e division de cavalerie, entre Grand-Châtre et Foisnard, contre les *masses* françaises.

D'après le grand état-major, ils mirent en ligne successivement trois brigades bavaroises, soit deux divisions et demie d'infanterie et une division de cavalerie contre les divisions françaises Camô, Deplanque et Roquebrune.

Le 9, M. de Moltke fait remarquer que la subdivision d'armée du grand-duc ne fut pas encore renforcée par les IIIe et Xe corps et, par conséquent, lutta seule avec ses quatre divisions contre *onze divisions françaises*.

Or, il y avait en ligne du côté des Français :

1re division du 16e corps, à l'extrême droite ;

1re division du 17e corps ;

2e   —   —

3e   —   —

2e division du 21e corps, extrême gauche, soutenue par la brigade de réserve Collet.

C'est-à-dire cinq divisions et une brigade, et non pas onze divisions. La division Camô, ce jour-là, était en pleine débandade entre Mer et Blois ; la 2ᵉ division du 16ᵉ corps, dans le même état, à Blois même ; la 3ᵉ division du 16ᵉ corps, en complète dissolution depuis le 2 décembre, se laissait surprendre à Chambord, sur la rive gauche. Quant aux 1ʳᵉ, 3ᵉ et 4ᵉ divisions du 21ᵉ corps, elles gardaient, face au nord, les débouchés de la forêt de Marchenoir et ne prenaient aucune part à l'action. Toutes ces troupes ne peuvent pas figurer dans l'effectif combattant des Français, plus que les IIIᵉ, Xᵉ et IXᵉ corps dans celui des Allemands.

Remarquons que si ces derniers étaient en nombre inférieur sur l'ensemble du champ de bataille, ils étaient en nombre égal, sinon supérieur, sur le point vraiment important et décisif, c'est-à-dire à Villorceau, Villejouan, Ourcelles. Ces villages furent, en effet, attaqués, d'après l'état-major allemand, par la majeure partie de la 22ᵉ division, par le 1ᵉʳ corps bavarois et par une brigade de la 17ᵉ division, concentrés hardiment sur un front très étroit. Et ces mêmes villages étaient occupés par deux divisions du 17ᵉ corps français, (2ᵉ et 3ᵉ) qui, sur ce point décisif, supportèrent tout le poids de la lutte. C'est ce que le maréchal appelle les épaisses colonnes des 16ᵉ et 17ᵉ corps français. Il aurait pu utilement, par cet exemple, faire ressortir l'avantage que donne la qualité et l'instruction de troupes aguerries, mobiles et manœuvrières, en face de cohues armées, incapables d'aucun mouvement sur le champ de bataille et aptes seulement à un court effort direct sur leur front.

Les mêmes observations pourraient être renouvelées à l'occasion du récit de la bataille du 10 décembre.

Nous arrêterons ici cette étude, nécessairement aride, des chiffres cités par le maréchal. Nous croyons avoir suffisamment fait voir le sans-gêne avec lequel il les traite et même les dénature pour le besoin de la cause.

Dans l'exposé des faits, nous retrouvons la même préoccupation exclusive de présenter les choses, non pas de la façon la plus conforme à la vérité, mais de la manière la plus propre à exalter l'armée allemande. Le récit n'est strictement qu'un abrégé de l'ouvrage du grand état-major, fait paragraphe par paragraphe et parfois composé de lambeaux de phrases empruntés à cet ouvrage. Mais les ciseaux qui travaillent le texte du grand état-

major ne sont pas aveugles. Ils reproduisent tout ce qui est avan-
geux aux Allemands et suppriment le reste. Quand le maréchal
n'emploie pas les expressions même du document qu'il résume,
c'est pour leur en substituer de plus exagérées. Le sens du
récit se trouve faussé et souvent entièrement dénaturé.

Dans une remarquable introduction, le grand état-major fait
observer que Allemands et Français avaient tiré, de l'emploi des
armes à tir rapide, des conclusions tactiques absolument con-
traires. Les Allemands, raisonnant sur l'expérience déjà faite en
1866, cherchaient le succès dans l'offensive, secondée par l'initia-
tive et l'esprit de solidarité. En France, l'étude des effets théo-
riques des armes avait fait admettre comme l'idéal de la bataille,
la lutte sur une position défensive fortifiée, permettant de détruire
par le feu l'ennemi obligé d'attaquer à découvert; toute action
offensive hors de la position était considérée comme une impru-
dence et une faute grave. Le grand état-major a cent fois raison
d'appeler, avant tout, l'attention sur ce point, car si l'on n'en
tient pas compte, il est absolument impossible de comprendre
l'attitude des Français à Spicheren, Borny, Rezonville, Saint-
Privat, et de s'expliquer leur manière de combattre dans ces
journées décisives.

Le maréchal a supprimé ces considérations, sans doute trop
techniques pour les « modestes et les humbles », ce qui lui per-
met, chaque fois que les Français restent immobiles ou reculent
après un succès partiel, d'en faire honneur à la vaillance des
Allemands.

Le général Chanzy, dans les instructions qu'il donne à ses
troupes, expose la tactique qu'elles devront mettre en œuvre.
Obligé de défendre ses positions de Josnes avec des régiments
sans cohésion ni solidité, il pousse à la rencontre de l'assaillant
des avant-lignes qu'il renforce peu à peu, pour maintenir l'action
en avant de la position proprement dite et utiliser les quelques
qualités d'élan que possèdent ses conscrits. C'est un procédé de
défense basé sur l'action offensive et approprié à la troupe défec-
tueuse qu'il est obligé d'employer. Le maréchal semble n'avoir
même pas lu ces instructions et renverse entièrement les rôles.
Les Français ne restent plus passifs... ; il en conclut que Chanzy,
avec ses troupes désorganisées par la défaite, veut, trois jours
après celle-ci, reprendre le rôle offensif, passer sur le ventre du

grand-duc et marcher sur Orléans ! C'est le grand-duc qui est attaqué, et qui réussit, grâce à la vaillance de ses soldats, à refouler les Français qui l'assaillent. Il lui en coûterait trop de reconnaître, avec le grand état-major, qu'il a fallu à deux corps allemands, aidés de deux divisions de cavalerie, appuyés sur la rive gauche de la Loire par un autre corps et une autre division de cavalerie, quatre jours de lutte très vive pour obliger Chanzy à continuer sa retraite vers l'ouest.

Nous avons dit que, en abrégeant le récit du grand état-major dans les faits de détail, le maréchal le dénaturait souvent. Quelques exemples suffiront à bien montrer le procédé :

(Page 299.) « Seul, le général von Barby marcha avec un détachement important, comprenant les trois armes, sur Droué ; il surprit les Français en train de faire la soupe, et fit un riche butin. » — Le grand état-major ajoute que, revenant de sa surprise, la division Gougeard repoussa les Allemands, qui perdirent la plus grande partie de ce qu'ils avaient pris tout d'abord. Cette fin de l'action est omise par le maréchal.

(Page 309.) « Les bataillons de la Prusse orientale gravirent, il est vrai, à 4 heures, la hauteur au pas de charge ; ils s'emparèrent de deux pièces pendant qu'elles tiraient encore ; mais devant les masses ennemies qui se précipitaient sur eux, ils durent rétrograder jusqu'au village (de Pont-Noyelles). » — Le grand état-major ajoute, et le maréchal ne le mentionne pas, « qu'ils durent abandonner, après une vigoureuse résistance, les deux pièces conquises, dont l'une avait été enclouée. »

Le maréchal exagère sans cesse les expressions employées par le grand état-major, de façon à leur donner un sens plus avantageux. Toute prise d'un village ou d'une position par les Allemands donne lieu à un assaut, à une mêlée, où ils chassent les Français à coups de crosse ; ce terme revient à chaque instant. Tout recul des Français, même lorsqu'il est prescrit d'avance par des instructions connues des Allemands[1], ou motivé par un

---

[1] Exemple : la journée du 9 décembre à Josnes. Les ordres de Chanzy prescrivant aux divisions Deplanque et Roquebrune de se replier sur Tavers et Toupenay étaient, de l'aveu du grand état-major, tombés aux mains du grand-duc, qui modifia les siens en conséquence. Le maréchal n'en dit rien et montre ces divisions refoulées sur Tavers et Toupenay par le 1er corps bavarois.

ordre, est attribué à la vaillance allemande et qualifié de déroute, de fuite, de débandade. Tout échec des Allemands est expliqué par l'écrasante supériorité numérique de l'adversaire; tout recul est ordonné et s'exécute comme une manœuvre, dans un ordre parfait.

Après avoir raconté la bataille de Bapaume, le maréchal ajoute : « Des fractions de la cavalerie le suivirent (l'ennemi) ; le 8e cuirassiers réussit à *forcer* un carré français. » Que signifie ce terme : forcer ? Le carré fut-il dispersé ? Mit-il bas les armes ? Pas le moins du monde. D'après le grand état-major, un officier et quelques cavaliers, y ayant pénétré, furent tués. L'infanterie française continua sa route et les deux escadrons du 8e cuirassiers, qui avaient perdu 2 officiers, 29 hommes et 73 chevaux, durent se borner à suivre quelque temps, de loin, l'arrière-garde de la division du Bessol, après quoi ils revinrent à Albert.

Il n'est pas de si petit combat où les Allemands n'enlèvent des drapeaux, et tout fanion ramassé devient un aigle. Les régiments même qui n'avaient pas de drapeaux trouvent moyen d'en laisser aux mains de l'ennemi.

Il ne nous est pas possible de relever une à une les affirmations gratuites, les assertions plus qu'aventurées que, à chaque page, émet le maréchal ; ce travail dépasserait notre cadre.

(Page 128). « Le général commandant la place de Metz déclara que les munitions d'artillerie ne suffiraient qu'à livrer une seule bataille et que, une fois qu'elles seraient épuisées, l'armée se trouverait réduite à l'impuissance entre deux masses ennemies. Il ajouta que les ouvrages de la place n'étant pas achevés et complètement armés, celle-ci serait hors d'état de soutenir un siège, si l'armée s'éloignait. » — Cette affirmation est empruntée au maréchal Bazaine. Elle a été contredite au cours du procès par les généraux Soleille et Coffinières, mis en cause, et la preuve du contraire a été produite.

Pour expliquer autrement que par les fautes commises par les Allemands la retraite heureuse du général Vinoy, le maréchal invoque des renseignements erronés signalant à Reims des forces françaises considérables....; misérable excuse formulée déjà, malgré son invraisemblance, par le grand état-major et qui, d'ailleurs, n'explique pas le mouvement absurde exécuté le 3 septembre sur Novion-Porcien par le général de Hoffmann.

« Il est permis d'admettre que, si (après la reprise d'Orléans
la 18ᵉ division s'était mise en marche pour suivre la 6ᵉ division
de cavalerie, Bourges et les grands établissements militaires qui
s'y trouvaient, seraient tombés au pouvoir des Allemands. » —
Nous affirmons, nous, que le maréchal n'eût jamais ordonné à une
division isolée de se lancer, sans convoi, à travers un pays pauvre,
à vingt-cinq lieues de tout appui, ayant en face d'elle un corps
ennemi, même très désorganisé et, sur ses derrières, à courte
distance, deux autres, les 18ᵉ et 20ᵉ qui avaient à peine souffert.

Toutes les affirmations du maréchal au sujet des effets produits
par le bombardement sur les forts de Paris, sont exagérées; elles
sont contredites non seulement par les documents français, mais
aussi par le corps du génie allemand.

Pas un mot des fautes commises par les Allemands, si ce n'est
les quelques pointes que nous avons déjà signalées contre Frédéric-Charles ou le prince royal. Le maréchal, cependant, à l'occasion de la bataille du 18 août, fait un *med culpá* en regrettant
l'attaque tardive du IIᵉ corps contre Le Point-du-Jour, attaque
qu'il eût peut-être été plus sage de ne pas exécuter. Son but
semble être, dans cette circonstance, la seule à peu près où il se
mette personnellement en cause de dégager la responsabilité du
souverain.

Tout en reconnaissant à Chanzy un véritable mérite militaire,
il l'atténue singulièrement dans le récit des faits, en gonflant ses
effectifs et en ne tenant presque aucun compte des énormes diffi-
cultés contre lesquelles ce général avait à lutter pour tirer parti
de cohues à peine encadrées, mal armées et n'ayant aucune
instruction.

Toute son admiration, tous ses éloges, toute sa pitié, il les
réserve pour l'armée allemande victorieuse, qui, après avoir déjà
essuyé tant de pertes, ayant une partie de ses forces retenues
devant Strasbourg et Metz, une autre immobilisée à l'intérieur
par la garde des prisonniers, se voit encore obligée d'entreprendre
le siège de Paris, de garder ses communications et de lutter
contre les immenses effectifs que les Français lèvent en province.
Quant à ces Français qui, n'ayant plus d'armées, sont obligés d'en
improviser en quelques jours et de pousser des recrues, à peine
armées, contre des troupes victorieuses et aguerries, ils ne lui

inspirent aucun intérêt. Il s'apitoie sur les souffrances que l'hiver fait endurer aux Allemands bien vêtus, bien cantonnés, bien nourris ; mais les conscrits français, sans vêtements, sans chaussures, sans objets de campement ni vivres, ont-ils, eux aussi, souffert de la saison rigoureuse? Il ne s'en préoccupe pas.

Bazaine, cependant, l'intéresse...; c'est sans doute une dette de reconnaissance qu'il paye. Mais il trouve de plus une occasion de railler la vanité de ces Français qui, ne voulant pas admettre qu'un autre peuple puisse les vaincre, ont besoin de trouver un traître et de faire peser sur lui la responsabilité de leurs désastres. Bazaine ne lui semble avoir en rien manqué à ses devoirs.

Nous sommes disposé à accueillir respectueusement tout enseignement venant du maréchal de Moltke, à étudier avec déférence toute opinion émise par lui sur les questions militaires, à admirer en lui la science stratégique la plus parfaite, les talents exceptionnels qui ont fait de lui, à notre époque, un général hors de pair pour la direction des armées. Mais nous nous refusons absolument à nous incliner devant sa compétence en fait de patriotisme. Le Danois qui, après avoir été chercher fortune en Turquie, s'est fait Prussien et a conduit la guerre contre le Danemark, ne saurait avoir sur ce point la même manière de voir que nous et ne peut attribuer aux devoirs qui lient un homme à sa patrie le caractère d'obligation absolue, étroite, que nous leur reconnaissons.

Ce livre n'est pas un livre d'histoire, car, d'une part, il est écrit à un point de vue exclusif, il développe une thèse préconçue et ne montre qu'un seul côté des événements ; d'autre part, il respecte trop peu la vérité et les documents mêmes sur lesquels il s'appuie. Ce n'est pas l'histoire de la guerre de 1870 ; c'est la légende de cette guerre, telle qu'on désire qu'elle soit enseignée aux « modestes et aux simples » Allemands, afin de leur inspirer l'admiration pour les gloires allemandes et le mépris de l'ennemi naturel, du Français.

Il nous répugne d'y voir une œuvre du maréchal de Moltke, c'est-à-dire une œuvre voulue par lui, travaillée, portant l'empreinte de sa haute intelligence et de ses merveilleux talents militaires.

De deux choses l'une :

Ou bien nous nous trouvons en face d'un résumé hâtif, fait par c maréchal, au courant de la plume, résumé dont il comptait se servir comme d'une base pour son travail et qu'il n'a eu le temps ni de corriger ni même de relire. Alors, on a eu tort de nous le donner comme l'œuvre même qu'il avait conçue.

Ou bien ce livre est réellement l'œuvre du maréchal, telle qu'il la voulait, telle qu'il l'eût fait imprimer. En ce cas, nous sommes obligé de constater que M. de Moltke, atteint par l'âge, n'était plus que l'ombre de lui-même. Les années auraient obscurci son intelligence, enlevé à son esprit toute hauteur de vues, toute netteté, laissant seules vivaces encore les haines et les mesquines rancunes.

Quelle que soit, de ces deux hypothèses, celle qu'on adopte, il est indiscutable que sa mémoire n'a rien gagné à la publication de ce livre.

Paris. — Imprimerie L. BAUDOIN, 2, rue Christine.

PARIS. — IMPRIMERIE L. BAUDOIN, 2, RUE CHRISTINE.